Rache am Ex

111 Tipps, wie man sich erfolgreich am Ex rächen kann

Alicia McStuart

Kein Mann kann einer Frau das Wasser reichen, wenn es um Rache geht.
Unbekannt

Bibliografische Information der Deutschen Nationalbibliothek: Die Deutsche Nationalbibliothek verzeichnet diese Publikation in der Deutschen Nationalbibliografie; detaillierte bibliografische Daten sind im Internet über http://dnb.dnb.de abrufbar.

© **2013 Alicia McStuart**
Illustration/Grafik: **A. Runge**
Korrektorat/ Lektorat: **Texteragentur Gifhorn**
Herstellung und Verlag: BoD
Books on Demand, Norderstedt
ISBN:978-3-7322-8551-8

Statt einem Vorwort.....

.....möchten wir Sie darauf hinweisen, dass Rache ein verständlicher Impuls ist, wenn wir verletzt werden. Die meisten Menschen geben diesem Gefühl nicht nach und leiden länger als es sein müsste.

Mitunter hat auch so ein kleiner Racheakt eine Art befreiende Wirkung und Sie können besser abschließen mit diesem Abschnitt Ihres Lebens.

Für einen kleinen Denkzettel haben wir Ihnen jede Menge Tipps vorbereitet. Aber auch für größere Racheakte liefern wir Ihnen Ideen, die es in sich haben und die vor allem legal sind.

Greifen Sie allerdings in die Tiefe unserer Trickkiste der Rache, so sollten Sie sich sicher sein, dass Sie Ihren Ex garantiert nicht mehr zurück haben wollen. Denn das wird dann fies und gemein.

Wir wünschen Ihnen viel Spaß beim Lesen.

Alicia McStuart   Dezember 2013

Bevor man zum Racheakt greift

Ignoranz

Bei bestimmten Menschentypen ist die effektivste Form der Rache pure Ignoranz.

Ist der Ex eitel, selbstverliebt und von seiner Wirkung (speziell auf Sie) überzeugt?

Dann überraschen Sie ihn doch einfach mal! Reagieren Sie völlig anders als er es erwartet!

Sehen Sie durch ihn hindurch und ignorieren Sie ihn auf der ganzen Linie.

Ignoranz setzt solchen Menschen viel mehr zu als die kreativste Racheidee.

Glücklich sein

Die Steigerung zur Ignoranz:

Seien Sie mit ihrem neuen Leben als Single überglücklich!

Tragen Sie demonstrativ zur Schau, dass es Ihnen einfach phantastisch geht!

Strahlen Sie, legen Sie sich eine neue Frisur oder ein neues Outfit zu. Lächeln und flirten Sie, was das Zeug hält.

Die eine oder andere unverbindliche Eroberung kann dabei natürlich auch nicht schaden.

Nicht ärgert Ihren Ex-Partner so sehr, wie, wenn Sie sich scheinbar super schnell über ihn hinweg getröstet haben.

Publik machen

Natürlich macht es nicht jedem Ex etwas aus, wenn Sie ihn ignorieren.

Gerade nach Beziehungen, in denen einer der Partner am laufenden Band betrogen wurde, ist es sinnvoll, potentielle Nachfolger/innen „vorzuwarnen".

Das kann durch die direkte Verbreitung im Freundeskreis geschehen oder aber unter Zuhilfenahme des Internet.

Es leben die sozialen Netzwerke!

Fies und Gemein

1. Kleine Gemeinheiten

Klingelstreich

Warum nicht mal ein paar kleine Rangen aus der Nachbarschaft zu einem zünftigen Klingelstreich heranziehen?

Das sogenannte 'Klingelputzen' ist ein Klassiker, aber auch heute noch wirkungsvoll.

Nach einigen Klingelattacken wird er wahrscheinlich ordentlich genervt sein und die Klingel abstellen.

Bis dahin haben Sie den Spaß jedoch auf ihrer Seite und Ihre kleinen Helfershelfer sicher auch.

Briefkastenstreich

Haben Sie eventuell die Möglichkeit, sich amtlich aussehende Dokumente zu besorgen?

Dann schicken Sie dem Ex doch mal einen hübschen gelben Brief mit einer fingierten Forderung!

Aber Vorsicht: sollten Sie gerichtliche Siegel verwenden, läuft das offiziell unter Amtsmissbrauch und ist damit strafbar.

Falls der falsche Mahnbescheid nicht möglich ist, haben Sie aber auch die Möglichkeit, dem Ex andere unangenehme Nachrichten zukommen zu lassen.

Je nachdem, was bei ihm derzeit aktuell ist, können Sie ihm eine Absage auf den angestrebten Job oder auch üble Nachrichten von seiner Bank schicken (lassen).

Sie können Ihrer Phantasie dabei absolut freien Lauf lassen.

Aber auch hier gilt: klären Sie das Ganze auf, bevor es Ärger gibt.

Schließlich wollen Sie ihm nur einen kleinen Schreck einjagen.

Im Zweifelsfall könnte er Sie nämlich sogar zu Schadensersatz heranziehen.

2. Fiese Streiche

Persönliche Gegenstände (ohne größeren Wert) zerstören

Nehmen Sie sich doch einfach mal die Briefmarkensammlung mit lediglich symbolischem Wert, ein altes Stofftier aus Kindertagen oder aber ein Souvenir aus dem letzten Urlaub vor.

Sehr persönliche Dinge kaputtzumachen ist sicher nicht die feine englische Art, allerdings rachetechnisch sehr effektiv.

Sprinkler

Wenn er in einem Haus mit Garten wohnt, bietet sich auch ein anderer Klassiker an.

Manipulieren Sie doch die Sprinkleranlage, so dass sie morgens genau um die Uhrzeit losgeht, zu der er das Haus verlässt.

Am besten legen Sie diesen Streich auf einen Tag, an dem es sich so richtig lohnt, wie beispielsweise vor einem entscheidenden Kundentermin oder einem Vorstellungsgespräch.

Sextoys

Eine heftige Blamage können Sie Ihrem Ex natürlich auch bescheren, indem Sie ihn vor Menschen seines täglichen Umgangs bloßstellen.

Bestellen Sie deshalb mal auf seine Bankverbindung Sextoys oder Pornos!

Gerade für derlei 'Special-Interest'-Produkte gibt es ja auch spezielle Seiten. Diese bieten meist noch den **Zusatzservice eines Tarnabsenders** an.

Es soll ja nicht sofort offensichtlich sein, was in dem Paket drin ist. Aber nicht so mit Ihnen:

Der Ex bekommt natürlich den ungetarnten Karton mit dem Originalabsender, auf das der Postbote sich ins Fäustchen lachen kann.

Im besten Fall nimmt sogar der Nachbar das Paket stellvertretend an und sorgt in der Nachbarschaft für ordentlichen Tratsch.

Auto umparken

Greifen Sie sich den Autoschlüssel Ihres Ex und parken Sie sein Auto einfach um.

Er wird höchstwahrscheinlich annehmen, dass ihm irgendwer sein Luxusmobil geklaut hat.

Bevor er jedoch zum nächsten Polizeirevier rennt und eine Anzeige aufgibt, sollten Sie das Missverständnis unbedingt aufklären.

Vielleicht wird er aber auch bloß vor der leeren Parklücke stehen und sich fragen, ob es jetzt langsam bei ihm aussetzt.

In jedem Fall sollten Sie sich diesen Spaß nicht entgehen lassen.

Toilettenstein ins Auto schmuggeln

Den Toilettenstein können Sie natürlich auch durch andere stark riechende Dinge ersetzen.

Hauptsache, das Auto stinkt und Ihr Ex findet die Ursache nicht. Also sollten Sie den Stinker möglichst auch gut verstecken- zum Beispiel in der Lüftung.

Hier wäre es natürlich bei eingeschränkten Mechanikerfähigkeiten von Vorteil, sich einen begabten Bastler an die Seite zu holen.

Abführmittel/Brechmittel unterjubeln

Wenn Sie Ihren Ex des Öfteren in der früheren gemeinsamen Stammdisco treffen, können Sie sich auch mal einen ganz fiesen Kalauer erlauben.

Mischen Sie ihm doch einfach ein bisschen Rhizinusöl ins Getränk.

Für die andere Richtung eignet sich Apomorphin, Ipecacuanha-Sirup oder einfach Kupfersulfat.

Allerdings läuft derlei bereits unter Körperverletzung, also sollten Sie sich dabei besser nicht erwischen lassen.

3. Zeitungsinserate

Auto zu verkaufen

Inserieren Sie doch das heißgeliebte Gefährt Ihres Ex einmal zu einem absoluten Spottpreis in der Zeitung!

Vergessen Sie aber nicht, seine Handynummer und Emailadresse dazuzuschreiben.

Schließlich soll er ja auch ordentlich von den ganzen Ostblock-Autoexporteuren genervt werden!

Billig und willig

Auch ein Inserat in der Rubrik 'spezielle Interessen' kann durchaus amüsant werden.

Mit dem richtigen Text á la 'billig und willig' inklusive einer sehr ansprechenden Personenbeschreibung dürfte Ihr Ex sehr gefragt sein.

Deshalb muss selbstverständlich auch die Handynummer des Ex in der Anzeige stehen.

Hunde- oder Katzensitter

Ist Ihr Ex ein Hunde- oder Katzenhasser?

Dann wenden Sie das gleiche Prinzip aus dem vorigen Tipp an:

Veröffentlichen Sie eine Anzeige mit seiner Handynummer, in der Sie seine Dienste als Tiersitter für die jeweils verhasste Spezies anbieten.

Noch besser wirkt das natürlich, wenn es sich nicht um eine Abneigung gegen die Tierart handelt, sondern vielmehr eine ausgewachsene Phobie oder Allergie.

Essen & Trinken

1. Getränke

Der Ekelkaffee

Eine relativ harmlose Variante des Getränkestreichs: waschen Sie doch mal die Lieblingstasse des Ex mit Essig aus!

Dadurch dürfte sein Kaffeegenuss doch deutlich getrübt werden.

Auch ein bisschen Salzlösung oder andere störende Geschmackseinflüsse sollten ihre Wirkung nicht verfehlen.

Sprudelnder Kaffee

Leicht, haltbar und schmackhaft: beinahe jeder kennt und benutzt heutzutage Kaffeeweißer anstelle von Kondensmilch.

Man nehme also weißes Brausepulver und mische es in das Glas mit der Trockenmilch.

Das Ergebnis? Übersprudelnde Freude- zumindest bei Ihnen!

Mineralwasser

Auch hier bietet sich ein bisschen Essig oder Salzlösung zum 'verfeinern' an. Auch ein wenig Natron kann dem Wasser einen interessanten Nachgeschmack verleihen.

Wenn Sie dem Ex allerdings einen ganz bösen Streich spielen wollen, mischen Sie ihm doch in seine Arbeitsflasche einen ordentlichen Schluck Wodka oder klaren Korn.

Der Vorteil: Wodka oder Korn wird er auf Anhieb nicht riechen, da diese Spirituosen nahezu geruchlos sind. Aber spätestens der Nächste, der auf Hörweite an ihn herantritt, wird sie riechen! Und vielleicht wirkt der Alkohol ja tatsächlich noch im Sinne des Erfinders und Ihr Ex verhält sich dementsprechend. Dann wäre der Eindruck natürlich perfekt.

Hierbei muss Ihnen allerdings wirklich bewusst sein, dass Ihr Ex nach dieser Aktion seinen Ruf als Tippelbruder weg hat. Eine weitere Warnung sei auch noch angebracht: Sie sollten sich bei dieser Aktion besser nicht erwischen lassen- Anzeigengefahr!

Saft/Limo

Bei diesen Getränken bieten sich die wirklichen Ekelgeschichten an.

Sie können in derlei Getränke zum Beispiel unbemerkt hineinspucken.

Aber auch andere eklige Zutaten lassen sich problemlos darin verstecken.

Tun Sie sich keinen Zwang an!

Nur gesundheitsgefährdend sollten die kleinen Zulagen nicht sein- sonst wiederum Anzeigengefahr, wenn Sie erwischt werden.

Cola und Mentos

Mittlerweile in aller Munde, also darf dieser relativ neue Streich auch hier nicht fehlen.

Jubeln Sie doch dem Ex einfach mal eine mit ein paar Mentos-Dragees präparierte Flasche Cola unter.

Das funktioniert folgendermaßen: Löcher in die Mentosbonbons schlagen und zu einer Kette auffädeln. Diese Kette dann in den Flaschenhals hängen und mit dem Schraubverschluss fixieren. Die Bonbons dürfen die Cola noch nicht berühren.

Wenn der Ex die Flasche aufschraubt und einen herzhaften Schluck nehmen will, wird er auf einen Schlag viel mehr Cola bekommen, als ihm lieb ist!

Dieser Streich sollte allerdings möglichst im Freien durchgeführt werden- es wird ausgesprochen dreckig.

2. Futteraktionen

Kuchen & Kekse

Kuchen und Kekse lassen sich wunderbar mit kleinen Überraschungen präparieren.

Stecken Sie dem Ex doch mal Süßstofftabletten in seinen Kuchen oder verstecken Sie diese im Doppelkeks. Das klingt vielleicht erst einmal recht harmlos.

Aber versuchen Sie doch mal, eine Süßstofftablette pur zu lutschen- es wird Sie schütteln vor Ekel!

Allerdings eignen sich auch Pfeffer- oder Kümmelkörner sowie Chilistückchen für solche Streiche hervorragend. Je nachdem, was der Ex so richtig widerlich findet.

Salz & Zucker

Auch sehr amüsant: vertauschen Sie doch mal Salz und Zucker, bevor Sie ausziehen.

Je nachdem, was er sich zuerst zubereitet, fällt dann das Geschmackserlebnis aus.

Entweder wird der Kaffee mal zur Grenzerfahrung, oder aber das Gulasch bzw. der Salat werden zur süßen Versuchung.

Gewürze

Diese beliebte Bäumchen-Wechsel-dich-Nummer funktioniert natürlich auch bei anderen Gewürzen.

Auch wenn der Ex ein Kochmuffel sein sollte, werden sich sicherlich die Basics auch in seiner Küche finden.

Also seien Sie doch mal kreativ!

Man könnte beispielsweise scharfes Chilipulver in die Dose für süßen Paprika füllen. Das Ergebnis? Feurig!

Aber auch das Vertauschen des Lieblingsgewürzes gegen ein total verhasstes dürfte amüsant werden.

Persönliche Attacken

1. Sein Auto

Das Auto verdrecken

Was ist das Heiligtum beinahe jeden Mannes?

Klar, sein Auto. Womit also trifft man ihn mit ziemlicher Sicherheit ganz persönlich?

Mit Attacken gegen seinen motorisierten Schatz.

Bleiben Sie in der ersten Stufe erst einmal ganz harmlos und verdrecken Sie seinen Wagen mit Staub, Schlamm oder (was schon etwas härter wäre) mit Hundekot.

Natürlich sollte Ihre Ekeltoleranz bei dieser Variante relativ hoch sein.

Auto mit peinlichen Parolen beschmieren

Die Steigerung des Autoverschandelns stellt das Beschmieren mit peinlichen Sprüchen dar.

Überlegen Sie sich doch mal ein paar richtig geschmacklose Zitate. Beachten Sie aber, diese sollten möglichst aus maximal 3 Wörtern bestehen.

Die Farbe, mit der Sie das Auto verzieren, sollte allerdings leicht abwaschbar sein.

Also bitte keine Lacke oder Graffiti! Denn das zählt dann unter Sachbeschädigung und kann teuer für Sie werden.

Handynummer

Wollen Sie ihn mal so richtig nerven?

Dann schreiben Sie doch seine Handynummer gut lesbar auf sein Auto mit dem passenden Spruch daneben!

Die Wahrscheinlichkeit ist relativ hoch, dass er zumindest ein paar blöde Sprüche übers Telefon zu hören oder zu lesen bekommt.

Zu verkaufen!

Die Steigerung der Handynummer auf dem Auto:

Ein 'zu verkaufen'-Schild drüber!

Am besten schreiben Sie auch noch einen absoluten Dumpingpreis als VB (Verhandlungsbasis) dazu.

Dann dürfte sich der Ex vor dem Telefonterror von diversen Autoexporteuren nicht mehr retten können!

'Michi fährt mit'

Wie wäre es denn mit so einem Aufkleber, der auf Babys an Bord des Fahrzeugs hinweisen soll?

Besorgen Sie sich doch mal einen Schlumpfsticker mit dem Namen des Ex und pappen Sie ihn an sein Auto.

Das sollte allerdings an einer Stelle sein, die er nicht sofort sieht. Jedoch für andere Verkehrsteilnehmer sollte es gut sichtbar sein.

Am besten wirkt ein solcher Aufkleber natürlich an einem richtig protzigen Sportwagen oder einem riesigen Luxusmobil.

Abfalltransporter

Ebenfalls sehr gut macht sich ein einfaches und vor allem großes „A" als Aufkleber.

Insbesondere auf einem Protzmodell macht sich das allseits bekannte Zeichen für 'Abfalltransport' ausgezeichnet.

Potenzschleuder

Weniger ironisch, aber dafür umso peinlicher:

Pappen Sie dem Ex die Aufschrift 'Potenzschleuder' auf das Auto.

Wenn es sich beim Ex allerdings um ein sparsames Exemplar Mann und deshalb um einen Kleinwagen handelt, wird es allerdings schon wieder ironisch.

Versuchen Sie es in dem Fall mit: „Möchtegern-Potenzschleuder".

Büchsengerassel

Bei Hochzeiten zu erwarten und einfach ein Teil des Ganzen, ist die Kette aus Büchsen im Alltag allerdings kein gängiges Anhängsel für Autos.

Also binden Sie dem Ex doch mal eine solche Klapperschlange ans Auto.

Der Spaß ist auf Ihrer Seite, wenn nicht nur er, sondern auch alle anderen Verkehrsteilnehmer in Hörweite vor Schreck zusammenfahren.

Klopapier

Umwickeln Sie sein Auto doch mal über Nacht mit Klopapier!

Das ist zwar nicht die neueste Idee, kommt aber vor allem zu Karneval immer wieder gut.

Wenn er dann am nächsten Morgen mit dümmlichem Gesichtsausdruck vor seinem Mobil steht, sind ihm einige schadenfrohe Lacher von frühen Passanten so gut wie sicher.

Kratzer am Wagen

Das ist der Schock schlechthin für einen Autoliebhaber: ein Lackkratzer an seinem Baby!

Allerdings müssen irgendwelche Schadensersatzforderungen oder gar eine Anzeige wegen Sachbeschädigung nicht sein.

Um das Risiko zu umgehen, besorgen Sie sich am besten einen Lackkratzeraufkleber aus dem Scherzartikelversand.

Und dann noch seine Reaktion auf den Anblick seines beschädigten Schatzes beobachten. Das ist ein perfekter Moment!

Nummernschilder

Eine andere Variante zum Thema Auto wäre das Übermalen oder Klauen der Nummernschilder.

Dies wird dem Autoliebhaber sicher weit weniger wehtun als der Kratzer.

Allerdings hält ihn das gerade unter Zeitdruck bedeutend länger auf.

Schließlich darf er ja ohne amtliches Kennzeichen nicht am Straßenverkehr teilnehmen.

Daher bedeuten die übermalten oder gar geklauten Kennzeichen zumindest eine recht langwierige Verzögerung seines Aufbruches.

2. Zu Hause

Hand in warmes Wasser

Wie peinlich, wenn man als erwachsener Mensch noch ins Bett nässt, oder?

Also machen Sie sich doch mal den Wohnungsschlüssel des Ex zunutze!

Schleichen Sie sich frühmorgens in die Wohnung und stellen Sie eine Schüssel mit warmem Wasser neben das Bett.

Dann platzieren Sie seine Hand in der Schüssel und machen sie sich davon. Warum das so ist- wer weiß?

Aber er wird mit größter Wahrscheinlichkeit ins Bett pinkeln.

Klarsichtfolie unter die Toilettenbrille

Das ist so richtig gemein.

Spannen Sie doch quasi unsichtbar ein Stück Klarsichtfolie unter die Toilettenbrille des Ex.

Der Spaß kommt, wenn er das nächste Mal den Lokus aufsucht.

Großputz inklusive!

Insbesondere der notorische Stehpinkler wird hier seine helle Freude haben!

Die Hundekottüte

Das ist ein klassischer Kinderstreich in den USA.

Bitten Sie doch mal ein paar Kinder, dem Ex eine brennende Papiertüte mit einem kleinen Präsent darin vor die Tür zu packen.

Dann klingeln die kleinen Racker und laufen weg, während Sie aus sicherer Entfernung zusehen.

Der Hintergedanke: 8 von 10 Leuten versuchen, die brennende Tüte panisch auszutreten.

Die Überraschung ist perfekt!

Überraschung im Zimmer

Wenn die Ex das nächste Mal in den Urlaub fährt, ist Ihre Stunde gekommen.

Schleichen Sie sich in deren Wohnung und verstecken Sie ein paar übelriechende Lebensmittel an verschiedenen Stellen.

Weiterer Vorteil: der üble Geruch wird eher zu- als abnehmen.

Schließlich unterliegen Nahrungsmittel einem natürlichen Verfall.

Wenn er dann aus dem Urlaub zurückkehrt, herrscht erst einmal dicke Luft zuhause. Und das im wahrsten Sinn des Wortes.

3. Das Fitnesstudio

Trainingskollegen

Verbreiten Sie doch mal ein paar zünftige Räuberpistolen über Ihren Ex.

Gerade bei seinen Trainingskollegen sollten bestimmte Geschichten über den Kumpel gar nicht gut ankommen.

Ob Sie nun erzählen, dass er Sie betrogen habe, oder aber, dass er Sie finanziell abgezockt hat, überlegen Sie sich was!

Hauptsache, Sie versichern sich vorab der Solidarität der Kumpels Ihres Ex. Da kann auch ein wenig Flirten nicht schaden.

Peinlichkeiten im Spind

Verstecken Sie doch mal peinliche Mitbringsel wie zum Beispiel Potenzmittel oder spezielle Sextoys in seinem Spind.

Am besten sollten Sie das Ganze so platzieren, dass auch andere anwesende Herren diese Dinge gut sehen können.

Die Blamage ist perfekt, wenn er dann darauf angesprochen wird und dabei erwartungsgemäß in Erklärungsnot gerät.

Stinkende Andenken im Spind

Auch wenn Männer geruchstechnisch nicht so empfindlich sind wie Frauen.

Mit der richtigen Stinkbombe im Spind Ihres Ex sollten Sie auch dessen abgehärtesten Trainingskumpels eine gewisse Portion Unmut entlocken können.

Am besten lassen Sie sich dahingehend im einschlägigen Scherzartikelgeschäft beraten.

Es gibt ja da so Dinge zwischen Himmel und Erde, die deutlich schlimmer stinken als alles, was der organische Stoffwechsel so hervorbringt.

Studiovertrag

Haben Sie einen gemeinsamen Vertrag fürs Fitnessstudio abgeschlossen?

Oder haben Sie vielleicht die Möglichkeit, seinen Vertrag ohne seine Anwesenheit zu ändern?

Dann stufen Sie ihn doch einfach auf die teuerste Variante hoch!

Er wird mit Sicherheit bei seiner nächsten Kontoabrechnung aus allen Wolken fallen!

4. Der Lieblingsfußballclub

Der Überläufer

Ist Ihr Ex so ein richtig fanatischer Fußballfan?

Natürlich stilecht mit seinem langjährigen Lieblingsverein?

Dann versuchen Sie es doch damit.

Bringen Sie ihn bei Fankollegen in Verruf, indem Sie Gerüchte in die Welt setzen. Erzählen Sie herum, er habe gegen seinen Club gewettet oder sei direkt zur Konkurrenz übergelaufen!

Man wird Ihnen das pauschal erst einmal abkaufen, schließlich müssen Sie als Ex es ja wissen.

Vereinsfarben

Und um gleich noch eins draufzusetzen, machen Sie am besten Nägel mit Köpfen.

Dekorieren Sie doch mal das Auto/Fahrrad/Haus oder was auch immer Ihres Ex um!

Dabei benutzen Sie natürlich die Vereinsfarben der direkten Konkurrenz seines Clubs.

Das muss ja alles Hand und Fuß haben.

Sportsouvenirs verschenken

Hat ihr Ex einen signierten Fußball, ein Trikot oder irgendetwas in der Art?

Treffen Sie ihn doch mal so richtig, indem Sie diese für ihn so wertvollen Stücke verschenken.

Oder Sie stiften die Gegenstände einer wohltätigen Einrichtung.

Eventuell ist es auch in der der Tüte für die Kleiderspende gelandet.

Der größte Ärger dabei: Er hat keine Chance, sie sich wiederzuholen.

Denn an welche Adresse das Ganze gegangen ist, verraten Sie ihm natürlich nicht.

Pfandleihe

Noch besser als verschenken ist folgende Idee.

Beleihen Sie die liebsten Fansouvenirs Ihres Ex in einer Pfandleihe. Das Geld bekommt er natürlich, schließlich ist es ja sein Eigentum gewesen.

Aber die Info, in welcher Pfandleihe er seine Schätze wieder auslösen kann, bekommt er natürlich nicht.

Die Vorstellung, dass nach Ablauf der Auslösefrist irgendjemand Fremdes seine Schätze einfach mitnehmen könnte, ist für ihn sicher unerträglich.

Das ist doch die Rache pur!

Lieblingsstücke verkaufen/versteigern

Möchten Sie wissen, wie Sie Ihren Ex-Partner richtig tief treffen können und dabei die ultimative Rache ausüben?

Verkaufen Sie seine heißgeliebten Stücke an einen Fanshop. Dadurch ist seine Chance, diese wiederzusehen, wirklich gleich null.

Oder versteigern Sie die Sachen auf ebay und Co. Auch hier ist ein Vertrag bindend und der unglaubliche Vorteil bei solchen Auktionshäusern dürfte der Button **Sofortkauf** sein. Stellen Sie doch die Fanartikel für einen richtigen Dumpingpreis rein. Dann sollte Ihr Ex ordentlich Schwierigkeiten haben, die Sachen wieder zurück zu bekommen.

Natürlich sollten Sie auf sein Konto das Geld überweisen lassen. Immerhin gehören ihm ja die Sachen. Das muss schon alles seine Ordnung haben.

Doch Vorsicht: Die Spur sollte nicht zu Ihnen zurück verfolgbar sein, sonst müssen Sie Schadenersatz leisten.

5. Klamotten und Schuhe

Kleidung zerschneiden

Veranstalten Sie doch mal eine kleine Patchwork-Party mit seinen Klamotten.

Dafür sollten Sie sich aber vielleicht nicht unbedingt den Armani-Anzug aussuchen. Aber wenn Sie noch ein paar nicht ganz so teure Stücke in Ihrer Wohnung finden, dann toben Sie sich doch mal ordentlich daran aus.

Und wer weiß - eventuell ist ja eine talentierte Schneiderin an Ihnen verloren gegangen?

Natürlich sollten Sie dem Ex die neu designten Stücke dann auch zukommen lassen.

Die ganze Arbeit soll ja nicht umsonst gewesen sein, oder?

Schuhe vom bösen Hund zerkauen lassen

Bei dem Thema „Schuhe" kann man natürlich das Pferd auch andersherum aufzäumen.

Haben Sie einen Welpen oder kennen Sie vielleicht jemanden, der gerade Zuwachs bekommen hat?

Dann lassen Sie den Kleinen doch mal genüsslich auf den (Lieblings)Schuhen des Ex herumkauen. Damit der kleine Racker auch richtig viel Lust auf die Schuhe bekommt, reiben Sie den Schuh mit getrockneten Pansen ein oder verstecken Sie das Lieblingsleckerli darin.

Der Kleine wird sich voller Freude über das neue Spielzeug hermachen.

Fazit: Spaß für Hund und Herrchen - und natürlich für Sie.

6. Der allgemeine Freizeitbereich

Stammkneipe

Selbst Männer fühlen sich bei manchen Gelegenheiten mal peinlich berührt.

Also auf in die Stamm- oder Vereinskneipe des Ex und ordentlich vom Leder gezogen mit den blamablen Erlebnissen!

Es ist nämlich ein absolutes Märchen, dass Männer nichts für Klatsch und Tratsch übrig haben.

Sie werden die Lacher der Vereinskumpels Ihres Ex mit Sicherheit auf Ihrer Seite haben.

So etwas wie Solidarität unter Kerlen gibt es nämlich ebenso wenig. Die Schadenfreude wird hier definitiv überwiegen.

Geräuschkulisse

Wahrscheinlich treffen Sie hin und wieder mal bei einem offiziellen Anlass auf den Ex.

Vielleicht haben Sie sogar das Glück, dass er bei der Gelegenheit einen Toast ausbringt oder eine Rede hält?

Dann ist Ihre Chance gekommen!

Mit der entsprechenden Vorbereitung können Sie die ganze Gesellschaft glauben machen, dass er keinerlei Manieren hat. Dazu eignen sich Geräusche von Darmwinden ebenso wie ein herzhaftes Rülpsen.

Auch hier kann ein Scherzartikelladen kostengünstig Unterstützung leisten.

Offizielle Anlässe und andere Peinlichkeiten

Solche offiziellen Anlässe eignen sich hervorragend auch für so manch anderen Streich.

Ist vielleicht ein Art Vortrag mit Bildern geplant? Dann ersetzen Sie doch die Bilder durch peinliche Aufnahmen Ihres Ex, wenn Sie die Möglichkeit dazu haben.

Auch die Fotos von leicht oder gar nicht bekleideten Damen oder Herren eignen sich sehr gut für so einen Streich.

Auch Videos lassen sich gut austauschen. Wenn so ein kleiner Erotikstreifen über die Leinwand flimmert, sind sicher einige Leute begeistert, nur Ihr Ex sicher nicht.

Das Schöne daran ist, niemand kann Sie dafür belangen. Denn so eine Peinlichkeit steht nicht unter Strafe.

IV. Privatbereich

1. Bekanntenkreis

Gerüchte

Was nur der erweiterte Bekanntenkreis ist, also die Freundin einer Bekannten oder eines Freundes, muss nicht zwingend auf irgendeine Seite gezogen werden.

Aber um unschöne Gerüchte zu streuen, dafür lohnt es sich allemal mit diesen Personen zu treffen und es macht obendrein ziemlichen Spaß.

Lassen Sie sich bei allen Gelegenheiten über merkwürdige sexuelle Vorlieben, übelriechende Körperausdünstungen und derlei mehr aus.

Er wird das Gefühl haben, in seinem sozialen Umfeld Spießruten zu laufen.

2. Freundeskreis

Freunde abwerben

Meine Freunde, deine Freunde?

Nein, nach einer Trennung mit Rachepotential garantiert nicht mehr!

Streuen Sie die entsprechenden Informationen an den passenden Stellen. Damit sorgen Sie dafür, dass sich der ehemals gemeinsame Freundeskreis geschlossen auf Ihre Seite schlägt!

Das können wieder die Klassiker Fremdgehen, Missachtung, finanzielle Ausbeutung oder sogar häusliche Gewalt sein. Sie können aber natürlich auch zu ganz anderen Informationen greifen.

Hauptsache, man nimmt Ihnen die Stories ab.

3. Familie

Ex-Schwiegereltern

Oft genug kommt es vor, dass man sich auch nach einer Trennung noch blendend mit der Ex-Schwiegerfamilie versteht.

Also ran an den Speck, also in diesem Fall die Ex-Schwiegereltern.

Womit könnten Sie Ihren Ex wohl mehr nerven, als mit der Tatsache, dass seine Eltern nach wie vor Kontakt mit Ihnen haben und sich super mit Ihnen verstehen?

Dabei sollen Sie natürlich nicht versuchen, sich ins rechte Licht zu rücken, um ihn zurückzugewinnen.

Nein, es geht hier lediglich darum, ihn ein wenig mehr zu frustrieren.

Andere Verwandte des Ex

Auch der Rest der Familie wird sich sicherlich auf Ihre Seite schlagen, wenn Sie erst einmal ein paar unschöne Trennungsgeschichten zum Besten gegeben haben.

Natürlich muss ER dabei denkbar schlecht wegkommen.

Und vergessen Sie nicht, sich dabei in ein günstiges Licht zu schieben. Beschreiben Sie, wie Sie gelitten haben und still alles geduldet haben, weil Sie IHN so sehr geliebt haben.

Das Ende vom Lied: Er muss sich von seiner eigenen Familie vorhalten lassen, wie mies er Sie doch behandelt hat.

4. Neue Flamme

Peinliche Aktion

Das können Expartner ja ganz besonders gut: Sie blamieren mit großem Vergnügen Ihre Verflossenen vor deren neuen Partnern.

Also überlegen Sie sich doch mal eine richtig peinliche Aktion, mit der Sie zwar auch sich selbst, aber vor allem Ihren Ex vor dessen neuer Flamme so richtig blamieren können.

Das könnte beispielsweise eine Eifersuchtsszene sein, aber auch Untreuevorwürfe sind immer beliebt und wenn es geht dann auch noch in aller Öffentlichkeit.

Was die Neue von Ihnen hält, kann Ihnen ja letztlich egal sein.

Hauptsache, Ihr Ex ist erstmal unten durch.

Aus dem Nähkästchen geplaudert

Sie können natürlich auch die „Beste-Freundinnen-Masche" bemühen und der Neuen ein paar Schwänke aus der Beziehung mit Ihrem Ex erzählen.

Was er so für nervige Macken hat, wie er so gebaut ist, welche Neigungen er hat, etc... Übertreiben Sie nicht gleich. Es muss so rüberkommen, als seien Sie fertig mit Ihrem Expartner.

Oder schwelgen Sie in vergangenen Erinnerungen. Sind diese vielleicht mit den gemeinsamen Erlebnissen der neuen Freundin identisch, umso besser. Dann wird nämlich die Gute überlegen, was da auf sie zukommt.

Das kann der Wahrheit entsprechen, muss es aber nicht zwingend.

Auch hier gilt wieder: Hauptsache, die neue Flamme wird ein wenig oder auch mehr verschreckt.

Peinliche Stories

Die Steigerung des Plauderns aus dem Nähkästchen gefällig?

Klar, die ganzen peinlichen Zwischenfälle, die während einer Partnerschaft eben nicht ausbleiben.

Wurden Sie mal irgendwo beim öffentlichen Liebesspiel erwischt?

Oder ist dem Ex vielleicht mal irgendwo in der Öffentlichkeit beim Bücken die Hose geplatzt?

Sie dürfen sich auch gern ein paar Geschichten ausdenken.

Neue Flamme ausspannen

Wenn Sie die härtere Variante möchten, können Sie natürlich auch dafür sorgen, dass ein anderer Mann Ihrem Ex die Neue ausspannt.

Lassen Sie doch einen möglichst attraktiven Freund auf die Neue los und schauen Sie zu, was passiert!

Den sollte der Ex natürlich nicht kennen. Sonst durchschaut er den Plan möglicherweise und durchkreuzt Ihre Pläne.

Eifersucht nutzen

Oder ist der Gute sehr eifersüchtig? Noch besser. Dann engagieren Sie doch einen Schauspieler, der die neue Freundin anbaggert oder mit ihr flirtet.

Vielleicht auch eine intensive Umarmung auf der Straße und wenn sie natürlich nicht erkennt, dann sollte er sie an eine tolle Nacht (während der Beziehung mit Ihrem Ex) erinnern und davon schwärmen.

Ihr Ex wird schäumen vor Eifersucht.

Oder schicken Sie rote Rosen mit einer verräterischen Botschaft an die neue Freundin.

Hier sind Ihrer Fantasie keine Grenzen gesetzt.

V. Arbeitsplatz

1. Kleiner Schabernack im Büro

Kaffeestreich

Ist der Ex ein Kollege von Ihnen? Das trifft sich ja super.

Versuchen Sie doch mal den Kaffeestreich: vertauschen Sie nach und nach die Kaffeerationen des Ex gegen entkoffeinierten Kaffee aus, bis dieser nur noch koffeinfrei trinkt, ohne davon zu ahnen.

Aber damit ist der Spaß natürlich noch nicht vorbei, denn bleierne Müdigkeit im Büro ist ja nun wirklich noch keine angemessene Rache.

Wenn der Ex nun bereits einige Zeit koffeinfrei lebt, jubeln Sie ihm doch eine extrastarke Röstung unter!

Eines ist mal sicher: Müdigkeit wird diesen Zeitgenossen ganz bestimmt _nicht_ mehr plagen!

Kopiererstreich

Ist Ihr Ex öfter mal unter Zeitdruck, wenn er zum Beispiel für den Vorgesetzten ganz schnell eine riesige Latte Kopien anfertigen muss?

Dann legen Sie sich doch mal auf die Lauer und just bevor der Ex zum Kopierer geht, stellen Sie das gute Stück auf 99 Kopien á DIN A3-Format.

So ein Pech aber auch, und Sie können sich in ihrem sicheren Versteck gemütlich ins Fäustchen lachen, während er vor Wut schäumend am Kopiergerät steht.

Das ist Schadenfreude vom Feinsten!

Die Postabteilung

Hat die Firma Ihres Ex eine Postabteilung?

Sehr gut! Dann schicken Sie ihm doch mal eine kleine Liebesbotschaft der „warmen Art". Natürlich auf einer Postkarte, damit alle Angestellten diese auch lesen können.

Der Wortlaut könnte sein: „Lieber XY, liebste Grüße aus dem Matratzenlager, ich erwarte dich sehnsüchtig zur nächsten Kissenschlacht. Bussi, dein Karl, a.k.a. Purzelbärchen"

Ihr Ex wird sicher einige komische Blicke ernten. Und merkwürdige Angebote von anderen Kollegen des gleichen Schlages dürften ihm sicher sein.

2. Kollegen

Kollegen des Ex nerven und belästigen

Der Arbeitsplatz ist auch ein wunderbares Feld, um sich rachetechnisch ordentlich auszutoben.

Schließlich ist ein guter Ruf am Arbeitsplatz doch beinahe überall von recht großer Wichtigkeit.

Also versuchen Sie es doch mal so. Nerven und belästigen Sie die Kollegen Ihres Ex.

Dabei sind Ihrer Phantasie überhaupt keine Grenzen gesetzt. Sie können jammern, fluchen, üble Geschichten über den Ex erzählen und vielerlei mehr.

Eines ist aber noch zu beachten: die fraglichen Kollegen sollten natürlich auch wissen, dass Sie die Ex von XY sind.

Kollegen des Ex plump angraben

Legen Sie noch eins drauf.

Baggern Sie doch mal die Kollegen des Ex an.

Diese Anmachversuche sollten selbstverständlich so plump und vulgär wie nur möglich ausfallen.

Das Getratsche wird so richtig die Runde machen.

Hauptsache, der Ex steht so richtig blöd da.

Und gerade einer Frau werden plumpe und vulgäre Anmachen weit über genommen als einem Mann.

Peinliche Szene hinlegen

So etwas können Frauen ja eigentlich am besten. Also lassen Sie es richtig krachen!

Ob Sie ihm nun eine öffentliche Eifersuchtsszene vorspielen oder aber ihm Untreue, Abzocke oder ähnliches in der Beziehung vorwerfen.

Noch besser, wenn er in einer Bank oder in einem Amt arbeitet. Werfen Sie ihm eine Szene hin, die sich gewaschen hat und das mitten im größten Publikumsverkehr.

Und vor allem: Tun Sie es laut!

Schlägerbraut spielen

Was könnte die Steigerung einer solchen Szene sein?

Wenn es bereits eine Neue gibt, drohen Sie ihr doch mal Prügel an!

Aber auch die unterstellten (womöglich sogar realen) Seitensprünge können gern für solche Prügeldrohungen herhalten.

Peinlicher geht es kaum noch, insbesondere wenn eine Frau sich als schlägernde Irre darstellt.

Und noch schlimmer: diese Aktion qualifiziert ihn und seine Menschenkenntnis völlig ab.

Schließlich war ER ja mal mit Ihnen, der Schlägerbraut, zusammen.

3. Der Vorgesetzte

Fiese Gerüchte

Wollen Sie Ihrem Ex auf der Chefetage auch noch ordentlich schaden?

Dann lassen Sie dessen direkten Vorgesetzten doch auch mal an Ihren Beziehungsgeschichten teilhaben!

Ihr Ex kann Sie beispielsweise beklaut, betrogen oder sogar geschlagen haben. Danach sollte der Chef ordentlich ins Grübeln kommen, was die menschlichen Qualifikationen seines Mitarbeiters angeht.

Diese Racheaktion kann Ihrem Ex allerdings beruflich erheblich und nachhaltig schaden- überlegen Sie also gründlich, ob Sie das verantworten können und wollen.

4. Eigenes Geschäft

Kunden vergraulen

Ist Ihr Ex selbständig?

Dann versuchen Sie doch mal, ihm seine Kundschaft ordentlich zu verschrecken.

Das könnte im Gastronomiebereich zum Beispiel eine Ungezieferplage sein, auf dem Pädagogischen Sektor Gerüchte über übermäßigen Alkoholkonsum oder aber im Finanzbereich ein Betrugsvorwurf.

Wieder einmal hat die Phantasie ziemlich freie Bahn.

Bedenken Sie aber auch hier, dass Sie mit dieser Aktion nachhaltigen und auch schwer absehbaren Schaden anrichten können.

Vor allem können Sie zur Rechenschaft gezogen werden, unter anderem mit einer Verleumdungsklage.

VI. Das World Wide Web

1. Emails

Kontakte verwirren

Arbeiten Sie doch mal das Email-Adressbuch des Ex ab und gehen seinen Kontakten so richtig auf den Keks.

Am besten nerven Sie die Geschäftskontakte Ihres Ex ordentlich.

Schreiben Sie entweder totalen Schwachsinn oder aber offensichtlichen Spam.

Sehr bald sollten sich die Geschäftspartner Ihres Ex von diesem distanzieren.

Indiskretion

Um diesen Effekt zu beschleunigen, können Sie auch einige Alibiadressen anlegen und die sensiblen Kontakte mit unerwünschten Anfragen nerven.

Vergessen Sie dabei jedoch nicht, auf den Ex hinzuweisen.

Schließlich hat der Ihnen die Kontaktdaten überlassen und Sie ermutigt, den Kontakt aufzunehmen.

So etwas dürfte den geschäftlichen Ruin Ihres Ex nach sich ziehen, wenn nicht sogar eine Flutwelle von Strafanzeigen.

Überlegen Sie also vorher, ob Sie so weit gehen wollen.

Spam-Emails öffnen

Spam-Emails können sehr großen Ärger verursachen. Nicht selten hat man plötzlich unerwünschte Besucher auf dem Computer.

Also öffnen Sie doch einfach mal den Spam-Filter in der Mailbox Ihres Ex. Vielleicht hat der dann ein paar Viren oder Würmer mehr auf dem Rechner.

Dabei sollten Sie natürlich darauf achten, derlei auch nur auf seinem Computer und nicht auf Ihrem eigenen zu öffnen.

2. Instant Messenger

Freunde verprellen

Haben Sie noch die Passwörter des Ex zur Hand?

So lange Ihr Expartner kein IT-Spezialist ist, dürften sich die Passwörter nicht geändert haben. Also machen Sie sich einen hübschen Spaß damit.

Loggen Sie sich doch mal in dessen Instant Messenger (MSN, Skype, ICQ) ein und beginnen Sie, die Freunde mit Sinnlostexten zu nerven.

Alternativ können Sie natürlich auch zu härteren Mitteln greifen und die Messenger Freunde beleidigen oder beschimpfen.

Unbekannte zur Freundesliste hinzufügen

Sehr unerwünscht: Irgendwelche Fremden, die in Hundertschaften Messenger Profile anschreiben und um Aufnahme in die Buddy- oder Freunde-Liste bitten.

Oft genug kommen solche „Requests" von Spammern oder Datenjägern, und man tut gut daran, sie abzuweisen. Im schlimmsten Fall hat man dann nämlich sogar bösartige Viren oder Würmer auf dem Rechner.

Also lassen Sie die Spammer doch einfach auf die Freundesliste Ihres Expartner rein.

Noch besser ist das:

Ändern Sie die Einstellungen des Ex, so dass jede Freundschaftsanfrage sofort akzeptiert wird!

3. Chats & Co.

Chatbekanntschaften

Chattet der Ex gern in irgendwelchen Communities?

Betreten Sie doch einmal mit seinem Nickname den Chatroom und sehen, wer Sie freudig begrüßt.

Damit wissen Sie bereits, wer die 'Chatfreunde' des Ex sind.

Genau diese sollten Sie dann aufs Korn nehmen und entweder mit dümmlichen Sprüchen nerven oder aber sie beleidigen.

Gerüchteküche

Auch ein Chat ist gerüchtetechnisch nichts anderes als ein Schlangennest.

Hier bietet es sich an, einmal inkognito den Chat zu betreten und ein paar mehr oder weniger fiese Gerüchte zu streuen.

Also loggen Sie sich doch mal ein und erzählen den Chatfreunden Ihres Ex ein paar Schwänke.

Die müssen ja nicht der Wahrheit entsprechen - nur peinlich sollten sie sein.

Partnerbörse

Melden Sie den Ex doch mal auf einer Partnerbörse an und lassen Sie die Info möglichst im großen Bekanntenkreis herumgehen.

Welche Peinlichkeit für einen von sich überzeugten Supermacker.

Denken Sie daran, dass er bei dem Profil in der Partnerschaftsbörse nicht allzu gut wegkommt.

Es wäre doch blöd, wenn er tatsächlich über „Ihre Anzeige" einen Volltreffer landet und jemanden findet.

Natürlich sind solche Partnervermittlungen auch nicht gratis.

Also ein doppeltes Ärgernis!

Partnerportale die Zweite

Oder ist Ihr Ex bereits auf Partnerportalen angemeldet, dann sollten Sie mal Expartnerin so richtig mitmischen. Denn wer sollte besser als Sie wissen, was für einen Typ Frau Ihr Ex braucht.

Das Passwort wird sich sicher kaum verändert haben und der Zugang erfolgt über meistens über die Emailadresse.

Und nun verändern Sie mal ordentlich sein Profil und was er sucht.

Seien Sie primitiv und kramen Sie in der untersten Schublade herum, um ihn so richtig mit unpassenden Frauen zu versorgen.

Stellen Sie seine Sicherheitseinstellung auf die niedrigste Stufe.

Toben Sie sich so richtig auf seinem Profil aus.

Wie schade, dass Sie nicht sein entsetztes Gesicht sehen können, wenn er dann Zuschriften bekommt.

Partnerschaftsplattformen die Dritte

Worauf man oft als Letztes kommt, sind die Zuschriften bei solchen Portalen.

Damit können Sie auch noch viel Spaß haben. Schreiben Sie den potentiellen Kandidatinnen zurück.

Dabei seien Sie oberflächlich und so vulgär, wie Sie nur können.

Lassen Sie die Rechtschreibprüfung außen vor und ziehen Sie mal stellvertretend für Ihren Ex so richtig vom Leder.

Passen Sie nur auf, dass Sie die Emails dann auch dauerhaft löschen. Vielleicht wollen Sie sich ja den Spaß öfter gönnen.

Partnerschaftsportale die Vierte

Ihr Ex war schon so erfolgreich, dass einige Damen ernsthaftes Interesse zeigen?

Dann wird es Zeit, dass Sie sich dazwischen schalten. Für Frauen sind diese Portale meistens kostenlos. Also melden Sie sich mit einem anderen Namen an und nehmen Sie Kontakt zu der Frau auf.

Dann lassen Sie anklingen, dass Sie folgendes gehört haben:

ein Heiratsschwindler (oder jemand, der die Frauen nur ausnutzt) seine Runde bei dem Portal dreht. Dann zählen Sie ein paar erfundene Nicknamen auf und darunter befindet sich natürlich der Nickname Ihres Ex.

Glauben Sie mir, keine seiner potentiellen Frauenbekanntschaften wird sich je wieder bei ihm melden.

4. Facebook, Twitter & Co.

Statusleiste

Wir wollen hier natürlich keine plumpen Racheaktionen, mit denen Sie sich vor Ihrem Ex nur selbst bloßstellen.

Also keine Sprüche wie 'Ich bin ein betrügerischer Arsch' oder Vergleichbares.

Vielmehr sollten die Sprüche subtil sein und dadurch beim Leser ein sehr reges Kopfkino anfachen.

Versuchen Sie es doch mit einem: „Ich bin lieber arbeiten, als mit einer Frau zusammen."

Der Spruch mag harmlos wirken, aber lesen Sie ihn zweimal mehr und überlegen Sie sich, was für Gedanken den anderen dabei kommen. Richtig! Ist er vielleicht schwul geworden, oder kennzeichnet er sich selbst als Arbeitstier oder Frauenverächter?

Die Deutungen sind vielfältig und lassen der schmutzigen Fantasie anderer jede Menge Spielraum.

Meldungen

Bei seinen Meldungen dürfen Sie sich dann so richtig austoben. Die liest man nämlich sofort, wenn man sich einloggt.

Zum Beispiel könnte da so etwas stehen wie: „Die Kakerlaken tanzen schon wieder den Hula und die haben echt null Taktgefühl!"

Die naheliegende Vermutung des Lesers: der Ex ist sicher auf Droge!

Aber auch Sprüche wie „Die Pussy (Katze) ist nicht willig"
oder
„Warum schaut der Hund so komisch, ich hab doch Vaseline benutzt!"
lassen nicht viel Raum für Interpretation.

Frei nach dem Motto: 'Ein Schelm, wer Böses dabei denkt!'- und wer bitte ist denn keiner?

Fotos

Gerade nach längeren Beziehungen hat man ja oft noch Fotos auf dem Rechner und weiß nicht, ob man sie behalten oder löschen soll.

Machen Sie doch mal was Sinnvolles damit!

Suchen Sie sich die peinlichsten, intimsten oder auch einfach lächerlichsten Bilder heraus und stellen Sie diese auf die Facebook- oder Twitter-Seite des Ex, mit den passenden Kommentaren, versteht sich.

Natürlich können Sie diese auch einfach auf Ihrem eigenen Account veröffentlichen- damit verhindern Sie gleichzeitig, dass er sie sofort wieder löscht.

Außerdem haben Sie so die Möglichkeit, die Fotos der gesamten Facebook-Community zugänglich zu machen

Die Privatsphäre Funktion

Das kleine Häkchen bei der Privatsphäre Funktion kann man herausnehmen und dann kann jeder Hinz und Kunz lesen, was Ihr lieber Ex in seinem Bereich so verzapft.

Auch seine Fotos und Videos werden dann öffentlich angezeigt.

Zum einen kann das peinlich sein.

Zum anderen kann diese Entsicherung schlichtweg ein großes Nervpotential entfalten, wenn die falsche Person über das Profil des Ex stolpert.

Party die Erste!

Soziale Netzwerke sind eine feine Sache.

Man könnte beispielsweise einfach mal im Account des Ex eine Riesenparty ankündigen und seinen gesamten Freundeskreis dazu einladen.

Das lohnt sich natürlich, wenn er so etwa 100 oder mehr Freundschaften hat. Dann können Sie sich sicher sein, dass etwa die Hälfte garantiert kommt. Selbst bei einer kurzfristigen Einladung.

Natürlich sollten Sie vorher in Erfahrung bringen, wann er zu Hause ist, besonders nach einem langen, harten, stressigen Arbeitstag.

Und: Sehen Sie zu, dass wirklich sämtliche Supermärkte bereits geschlossen haben!

Party die Zweite?

Was haben wir in jüngster Zeit gelernt?

Klar, Facebook ist ein hervorragendes Portal, um all seinen Freunden Bescheid mit nur einem Klick zu sagen, wann und wo die Party steigt.

Aber: was passiert wohl, wenn Sie dazu noch das kleine Häkchen in der Privatsphäre-Funktion entfernen?

Ja, dann setzen Sie die gesamte Facebook-Community davon in Kenntnis!

Der Ex und seine Nachbarn werden sich bedanken, wenn plötzlich die wilden Horden vor seiner Tür kampieren und nach Freibier brüllen.

Party die Dritte...

Selbst wenn Sie nicht in den Account des Ex gelangen, können Sie ihm dennoch ein Schnippchen schlagen.

Laden Sie doch mal all seine Freunde zu einer Überraschungsparty zu ihm ein.

Auch hier gilt: Supermärkte zu, langer, harter Arbeitstag vorausgesetzt!

VII. Saisonale Racheaktionen

1. Halloween

Kürbis

Ein bisschen klischeehaft ist das natürlich schon: schnitzen Sie doch in den Halloweenkürbis statt der Gruselfratze einfach mal das Gesicht Ihres Ex und stellen ihn dann für möglichst viele Leute sichtbar nach draußen.

Ein bisschen handwerkliches Geschick gehört hier natürlich dazu.

Wer nicht so geschickt ist, keine Bange, nehmen Sie ein besonders hässliches Foto ihres Ex, scannen Sie es ein und drucken Sie es aus. Dann kleben Sie es auf einen Kürbis und stellen Sie den vor die Tür des Ex.

Wenn Sie es sich zutrauen, bearbeiten Sie das Bild nach dem Einscannen ordentlich. Lassen Sie Ihrer Kreativität freien Lauf. Schließlich ist Halloween.

Kinder

Wenn die kleinen Gruselkasper an Halloween vor Ihrer Tür stehen, können Sie natürlich auch dafür sorgen, dass genau diese kleinen Ungeheuer auch Ihrem Ex mal so richtig heimleuchten.

Immerhin heißt es ja nicht ohne Grund „Süßes oder Saures".

Eier und Klopapier an seiner Haustür empfindet ER sicher als ziemlich bitter, Salz in der Trennungswunde inbegriffen.

Kinderstreiche sind natürlich auch für die Betteltouren der kleinen Jecken zu Karneval oder aber beim Sternensingen am Nikolaustag eine sehr gute Idee.

Kinder sind ja auch wirklich sehr kreativ, wenn es um Streiche geht. Verlassen Sie sich bei der Ausführung ruhig auf Ihre kleinen Gewährshelfer.

2. Weihnachten

Knecht Ruprecht

Wer kennt sie nicht?

In der Adventszeit werden die Einkaufszentren von Weihnachtsmännern ja regelrecht überschwemmt. Und eigentlich sollen die Rotbefrackten auch nur die mitgebrachten Kinder der Kunden erfreuen.

Also machen Sie sich doch auch mal einen kleinen Spaß. Hetzen Sie dem ahnungslosen Ex den Ruprecht auf den Hals! Er wird sowieso ziemlich genervt sein, weil er auf den ganzen Weihnachtsrummel um sich herum so gar keinen Bock hat.

Und mit der Nikolaus-Attacke setzen Sie dem ganzen noch die Krone auf. Wenn der Ruprecht Humor besitzt, macht er den kleinen Kalauer auch gern mit. Dann droht er Ihrem Ex entweder mit der Rute oder aber fordert lauthals ein Weihnachtslied von ihm.

In jedem Fall wird diese Aktion für jede Menge Lacher auf Kosten Ihres Ex sorgen.

Geschenke

Hier brauchen Sie Zugang zu persönlichen Transaktionen Ihres Ex.

Gerade Männer haben ja in der Regel nun so gar nichts fürs Weihnachtsshopping übrig. Was wird er also tun? Richtig, im Internet bestellen und liefern lassen.

Erlauben Sie sich also mal einen Scherz mit den Weihnachtsbestellungen Ihres Ex! Warum nicht ein wenig in diesen Bestellungen herumpfuschen?

Im besten Fall lässt der Dekomuffel die Sachen auch gleich als Geschenk verpackt liefern und schaut vorab nicht noch einmal nach.

Dann bekommt Opa Friedrich statt der neuen Angelrute eine Spielkonsole, mit der er ja mal gar nichts anfangen kann.

Um die wird der Opa dann natürlich heftig von Klein Thomas beneidet. Der hat nämlich nur irgendwelche blöden Klamotten unterm Weihnachtsbaum gefunden.

Hier können Sie sich so richtig austoben.

Geschenke die Zweite

Hier benötigen Sie den Zugang zu den Emails und den Accounts bei Internetshops Ihres Ex.

Möchten Sie lieber Ihrem Ex beim Sparen helfen?

Dann stornieren Sie doch seine Einkäufe.

Da Männer meistens in letzter Minute einkaufen, ist das natürlich besonders peinlich, wenn kein Geschenk ankommt. Die Frustrationstoleranz Ihres Ex wird mit jedem Tag mehr sinken.

Vergessen Sie bei dieser Aktion nicht, die entsprechende Stornierungsemail auch aus dem Papierkorb zu löschen.

Und der Spaß ist perfekt.

3. Karneval

Krawatte abschneiden

Schicken Sie doch mal jemanden vorbei, der dem Ex das teure Designerstück von Krawatte abschneidet.

Schließlich gehört das zum Karneval dazu!

Haben Sie noch den Schlüssel zu der Wohnung Ihres Ex?

Dann schneiden Sie doch alle Krawatten ein Stückchen kürzer.

Oder sie nähen alle zusammen, mit möglichst kleinen Stichen und einem sehr haltbaren Garn wie Zwirn.

So schnell bekommt er dieses Kunstwerk nicht auseinander.

Funkenmariechen

Auch ein fieser kleiner Kalauer zur Faschingszeit, der aber immer wieder seine Wirkung tut.

Wenn der Ex bereits eine Neue hat, kann man ihn anlässlich der 5. Jahreszeit bei seiner neuen Flamme auch mal ein wenig in Misskredit bringen.

Ein leichtbekleidetes Funkenmariechen, das ihm im richtigen Augenblick Avancen macht, kann da erstaunliche Effekte erzielen!

Oder kennt das Funkenmariechen ihn noch vom letzten Jahr? Und da waren beide auch noch im Bett gelandet und er war ja so toll gewesen.

Auch wenn es nicht der Wahrheit entspricht, die Neue Ihres Ex wird ordentlich ins Grübeln kommen.

4. Ostern

Eier

Was stellen wir mit dem Hasen- und Eierfest an?

Klar, die echten Hasen lassen wir als Tierfreunde natürlich außen vor, wenn es um Streiche geht.

Aber auch das Element 'Eier' eröffnet interessante Perspektiven.

Ob als Sauerei an Haus, Auto oder im Garten, oder aber als faule Stinkbomben im Gras versteckt, Ostern ist eine schöne Zeit für kleine Gemeinheiten.

Das Thema Eier ist sehr vielschichtig und lässt Ihrer Kreativität jede Menge freien Raum.

Auch der Eiersalat kann dabei sehr nützlich sein.

5. Geburtstag

Das Alter

Ab einem bestimmten Alter bekommt ja fast jeder an seinem Geburtstag eine kleine oder auch eine größere Sinneskrise.

Der Scherzartikelhandel bietet für fortgeschrittene Geburtstage mittlerweile eine riesige Auswahl.

Hier werden Sie sicher das richtige Präsent finden, um ordentlich auf dem Alter des Ex herumzuhacken.

Gemeine Geburtstagspräsente

Am Thema Alter kann man sich ja ganz wunderbar abarbeiten.

Die Scherzartikelbranche verfügt ja über eine breite Angebotspalette dazu.

Ob nun ein T-Shirt mit der Aufschrift „*Netter älterer Herr*" oder aber „*Ich bin über...- bitte helfen Sie mir über die Straße*".

Spaß für die ganze Geburtstagsgesellschaft garantiert.

Sie können natürlich auch zur bitterbösen Ironie greifen und Sprüche wie „*junger Hüpfer*" oder ähnliches auswählen.

Trauerkarte

Eine Glückwunschkarte zum Geburtstag mit einem Kondolenzspruch vorn drauf, das mag makaber sein, aber auch witzig!

Dafür eignet sich eigentlich so ziemlich jede Trauerkarte mit einem Pseudo-eloquenten Spruch auf dem Deckblatt.

Innen können Sie ja dann noch einen persönlichen bösen Spruch hinterlassen.

Der böse Geburtstagsspruch

„Männer werden ja bekanntermaßen nicht älter, sondern nur besser.

Ebenso bekannt ist, dass es für jede Regel eine Ausnahme gibt.

Wie man sieht, bist das du... Alles Gute zum Geburtstag!"

Autsch... dieser Spruch, richtig platziert, lässt jedes männliche Ego in winzige Stückchen zerspringen.

6. Urlaub

Flug stornieren

Haben Sie noch die Möglichkeit, die Buchungen Ihres Ex einzusehen?

Wunderbar. Wenn also bei ihm demnächst der erste Single-Urlaub seit Ihrer Trennung ansteht, dann sorgen Sie doch mal dafür, dass er den auch niemals mehr vergisst.

Das erste Mittel der Wahl? Stornieren Sie doch mal klammheimlich den Flug zum ersehnten Urlaubsziel.

Er wird am Flughafen stehen und den Urlaub schon direkt ins Wasser fallen sehen.

Da Männer meist nicht allein in Urlaub fahren, ist ihm auch noch der Spott seiner Reisegefährten so gut wie sicher.

Flug umbuchen

Auch eine sehr amüsante Variante:

Buchen Sie den Flug doch mal um!

Ob Sie nun das Reiseziel ändern (schicken Sie statt ans Meer in die Berge zum Wandern) oder einfach von Erster Klasse auf Touristenklasse wechseln, diese Aktion sorgt für jede Menge Frustration bei Ihrem Ex.

Aufgepasst: Ihre kleine Änderung seiner Reisepläne sollte auf jeden Fall kurz vor dem Beginn des Urlaubs passieren. So hat er kaum noch eine Chance das alles rückgängig zu machen.

In jedem Fall wird der Check-in unvergesslich für ihn werden!

Hotelbuchung ändern

Hotels sind ja ohnehin immer so eine heikle Sache. Welches Hotel soll man wählen? Ist es schön dort? Stimmt der Service?

Und vor allem: Kann man sich auf die hochgelobten Urlauber-Bewertungsportale verlassen?

Stellen Sie sich vor, er hat sich durch all diese Fragen erfolgreich hindurchgekämpft und das perfekte Hotel gefunden.

Und was jetzt? Nun kommen Sie natürlich ins Spiel. Sie haben freie Hand, welcher Streich Ihnen am meisten zusagt.

Möchten Sie ihn in ein anderes Hotel verlegen lassen? Dann suchen Sie sich am besten eine absolut berüchtigte Absteige heraus.

Aber vielleicht soll es dann doch lieber die sanftere Gangart sein?

Man könnte ja beispielsweise von einem Einzelzimmer auf ein Doppel- oder Mehrbettzimmer umbuchen- unbekannte Schlafgesellschaft inklusive.

Auch die umgekehrte Variante kann sich anbieten. Buchen Sie von einem Mehrbettzimmer auf ein Einzelzimmer um, wird das nämlich erfahrungsgemäß teurer.

Noch besser, wenn es ans Geld gehen soll: buchen Sie doch mal von einem normalen Zimmer auf eine Suite oder gar ein Penthouse um!

Das tut dann richtig weh in der Reisekasse.

Zusätzliche Racheakte aus der untersten Schublade

1. Finanzamt und Co.

Finanzamt

Mit dem Finanzamt mag keiner gern zu tun haben. Und fast jeder fürchtet sich vor einer Nachprüfung der Steuer durch das Finanzamt.

Wissen Sie etwas über die finanziellen Schliche Ihres Ex? Oder auch nicht?

Bei dem Finanzamt kann man anonym Steuerhinterziehungen anzeigen. Und meistens werden die Mitarbeiter des Finanzamtes auch fündig.

Selbst wenn ein Steuerberater die Steuererklärung gemacht hat, dieser fertigt seine Berechnungen nur auf der Grundlage der herein gereichten Unterlagen an.

Der Ärger für Ihren Ex ist unglaublich groß, ebenso der Zeitaufwand und die Erklärungsnot für manche kleine Schummelei.

Aber Sie können sich zurücklehnen und Ihre Rache genießen.

Arbeitsamt

Ist Ihr Ex arbeitslos? Und bezieht dafür Leistungen vom Arbeitsamt oder von der Arbeitsgemeinschaft?

Na, da ergibt sich doch ein neues Betätigungsgebiet für Sie.

Falls Sie aus Ihrer gemeinsamen Zeit etwas über kleine Schwarzarbeiten wissen, handeln Sie als gewissenhafte Bürgerin und zeigen Sie Ihren Ex anonym bei dem Amt an.

Das Schöne daran ist, Sie können auch Jahre zurückliegende Schwarzarbeit anzeigen.

Ihrem Ex wird dann die Rechnung präsentiert und Sie haben Ihre Rache bekommen.

2. Mitteilungen über die Zeitung

Bekanntgabe der Trennung

Die regionale Zeitung erreicht viele Menschen, auch den Verwandten- und Bekanntenkreis Ihres Ex.

Warum sollen nicht alle erfahren, dass Sie sich getrennt haben und das ganz gemütlich beim Frühstück.

Nun, das dürfte der Fall sein, wenn es sich bei Ihrem Ex um einen verheirateten Mann handelt und seine Frau von ihrem Glück, also Ihnen, nichts weiß.

Ändern Sie das doch und veröffentlichen Sie die glückliche Trennung von Ihrem Ex und Ihnen.

Das gibt bestimmt gewaltigen Ärger bei Ihrem Ex.

Geburtstags- oder Jahrestagsanzeige

Gratulieren Sie Ihrem Ex zu Jahrestagen oder zum Geburtstag über die Zeitung.

An sich nichts Ungewöhnliches, aber in dem Moment schon, wenn Ihr Ex wie gesagt verheiratet ist und die Ehefrau nichts von Ihnen weiß.

Nach so einem Gruß wird sein Telefon mit Sicherheit auf Hochtouren klingeln.

Diesen Ärger wird er garantiert nicht vergessen und seine Bekanntschaft wird ihn mit Sicherheit auch ordentlich schneiden.

3. Aufforderung zum Vaterschaftstest

Zustellung per Einschreiben

Verpassen Sie Ihrem Ex einen gehörigen Schrecken und stellen Sie ihm eine Aufforderung sowie die passenden Röhrchen zum Vaterschaftstest per Einschreiben zu.

Eine unverhoffte Vaterschaft ist für die meisten Männer kein Grund zum Jubeln.

Der erste Gang dürfte zum Computer sein, damit man(n) die Düsseldorfer Tabelle aufruft und sich ausrechnet, was er nun in Zukunft für seinen „Nachwuchs" bezahlen muss.

Sobald er aber bei Ihnen anruft, klären Sie ihn über Ihre Aktion auf, sonst wird alles zum Selbstläufer und das könnte dann Ärger für Sie bedeuten.

4. Geburtsanzeige

Direkt an die neue Freundin/Ehefrau

Falls Sie tatsächlich schwanger sein sollte und Ihr Ex hat sich aus dem Staub gemacht, dann lassen Sie doch die Geburtsanzeige nicht an ihn zustellen, sondern an die Ehefrau oder an die neue Freundin.

Was ein Grund für Sie zur Freude ist, wird für einige arge Unannehmlichkeiten bei Ihrem Ex führen.

Zum Abschluss

Bitte denken Sie bei aller Rachelust an folgendes:

Rache wird am besten kalt serviert.

Zum einen haben Sie Zeit, sich die beste Rache zu überlegen und Sie kommen auch nicht so schnell in Verdacht.

Bedenken Sie dabei alle Vor- und Nachteile.

Trotzdem wünschen wir Ihnen viel Spaß und Vergnügen bei dem Lesen des Buchs.

Inhalt

Rache am Ex 1

Statt einem Vorwort.. 4

Bevor man zum Racheakt greift........................... 5

   Ignoranz 6

   Glücklich sein 7

   Publik machen.. 8

Fies und Gemein 9

   1. Kleine Gemeinheiten................................... 10

      Klingelstreich 10

      Briefkastenstreich.......................................11

   2. Fiese Streiche 13

      Persönliche Gegenstände (ohne größeren Wert) zerstören 13

      Sprinkler... 14

      Sextoys... 15

      Auto umparken.. 16

      Toilettenstein ins Auto schmuggeln 17

      Abführmittel/Brechmittel unterjubeln....... 18

   3. Zeitungsinserate 19

      Auto zu verkaufen..................................... 19

      Billig und willig 20

      Hunde- oder Katzensitter 21

Essen & Trinken 22

  1. Getränke..23

    Der Ekelkaffee 23

    Sprudelnder Kaffee 24

    Mineralwasser..25

    Saft/Limo 26

    Cola und Mentos 27

  2. Futteraktionen 28

    Kuchen & Kekse 28

    Salz & Zucker 29

    Gewürze 30

Persönliche Attacken 31

  1. Sein Auto 32

    Das Auto verdrecken....................................32

    Auto mit peinlichen Parolen beschmieren .33

    Handynummer 34

    Zu verkaufen!...35

    'Michi fährt mit' 36

    Abfalltransporter..37

    Potenzschleuder 38

    Büchsengerassel...39

    Klopapier 40

Kratzer am Wagen 41
Nummernschilder 42
2. Zu Hause 43
Hand in warmes Wasser 43
Klarsichtfolie unter die Toilettenbrille 44
Die Hundekottüte 45
Überraschung im Zimmer 46
3. Das Fitnesstudio 47
Trainingskollegen 47
Peinlichkeiten im Spind 48
Stinkende Andenken im Spind 49
Studiovertrag 50
4. Der Lieblingsfußballclub 51
Der Überläufer 51
Vereinsfarben 52
Sportsouvenirs verschenken 53
Pfandleihe 54
Lieblingsstücke verkaufen/versteigern 55
5. Klamotten und Schuhe 56
Kleidung zerschneiden 56
Schuhe vom bösen Hund zerkauen lassen . 57
6. Der allgemeine Freizeitbereich 58

    Stammkneipe 58

    Geräuschkulisse 59

    Offizielle Anlässe und andere Peinlichkeiten 60

IV. Privatbereich 61

  1. Bekanntenkreis 62

    Gerüchte 62

  2. Freundeskreis 63

    Freunde abwerben 63

  3. Familie 64

    Ex-Schwiegereltern 64

    Andere Verwandte des Ex 65

  4. Neue Flamme 66

    Peinliche Aktion 66

    Aus dem Nähkästchen geplaudert 67

    Peinliche Stories 68

    Neue Flamme ausspannen 69

    Eifersucht nutzen 70

V. Arbeitsplatz 71

  1. Kleiner Schabernack im Büro 72

    Kaffeestreich 72

    Kopiererstreich 73

    Die Postabteilung 74

Partnerschaftsplattformen die Dritte..........91
Partnerschaftsportale die Vierte 92
4. Facebook, Twitter & Co............................93
Statusleiste 93
Meldungen 94
Fotos 95
Die Privatsphäre Funktion 96
Party die Erste! 97
Party die Zweite? 98
Party die Dritte...99
VII. Saisonale Racheaktionen..........................100
1. Halloween 101
Kürbis 101
Kinder 102
2. Weihnachten...103
Knecht Ruprecht 103
Geschenke..104
Geschenke die Zweite 105
3. Karneval...106
Krawatte abschneiden..............................106
Funkenmariechen.....................................107
4. Ostern...108

- 2. Kollegen 75
  - Kollegen des Ex nerven und belästigen 75
  - Kollegen des Ex plump angraben 76
  - Peinliche Szene hinlegen 77
  - Schlägerbraut spielen 78
- 3. Der Vorgesetzte 79
  - Fiese Gerüchte 79
- 4. Eigenes Geschäft 80
  - Kunden vergraulen 80
- VI. Das World Wide Web 81
  - 1. Emails 82
    - Kontakte verwirren 82
    - Indiskretion 83
    - Spam-Emails öffnen 84
  - 2. Instant Messenger 85
    - Freunde verprellen 85
    - Unbekannte zur Freundesliste hinzufügen 86
  - 3. Chats & Co. 87
    - Chatbekanntschaften 87
    - Gerüchteküche 88
    - Partnerbörse 89
    - Partnerportale die Zweite 90

Eier	108
5. Geburtstag	109
Das Alter	109
Gemeine Geburtstagspräsente	110
Trauerkarte	111
Der böse Geburtstagsspruch	112
6. Urlaub	113
Flug stornieren	113
Flug umbuchen	114
Hotelbuchung ändern	115
Zusätzliche Racheakte aus der untersten Schublade	117
1. Finanzamt und Co.	118
Finanzamt	118
Arbeitsamt	119
2. Mitteilungen über die Zeitung	120
Bekanntgabe der Trennung	120
Geburtstags- oder Jahrestagsanzeige	121
3. Aufforderung zum Vaterschaftstest	122
Zustellung per Einschreiben	122
4. Geburtsanzeige	123
Direkt an die neue Freundin/Ehefrau	123
Zum Abschluss	124